海上丝路的千年"船"说
航海历史文化儿童百科绘本
册封舟出使记

上海中国航海博物馆
主编

童趣出版有限公司编　　人民邮电出版社出版
北　京

图书在版编目（CIP）数据

册封舟出使记 / 上海中国航海博物馆主编 ；童趣出
版有限公司编. -- 北京 ：人民邮电出版社，2025.
(海上丝路的千年"船"说 ：航海历史文化儿童百科绘本
). -- ISBN 978-7-115-67820-1

Ⅰ. D829-49

中国国家版本馆 CIP 数据核字第 2025MP7630 号

主　　　编：上海中国航海博物馆
责任编辑：赵　倩
执行编辑：王　鹤
责任印制：邵　超
封面设计：韩木华
排版制作：段　芳

编　　　：童趣出版有限公司
出　　版：人民邮电出版社
地　　址：北京市丰台区成寿寺路 11 号邮电出版大厦 （100164）
网　　址：www.childrenfun.com.cn

读者热线：010-81054177　　经销电话：010-81054120

印　　刷：优奇仕印刷河北有限公司
开　　本：787×1092　1/12
印　　张：3.7
字　　数：70 千字

版　　次：2025 年 7 月第 1 版　2025 年 7 月第 1 次印刷
书　　号：ISBN 978-7-115-67820-1
定　　价：48.00 元

鸣谢

中国文物学会文化遗产传播专业委员会

中国远洋海运集团有限公司

前　言

　　地球表面约 70% 的面积是海洋。海洋是生命的摇篮，是人类拓展生存空间、加强相互交往的重要途径。中华民族对海洋的探索可谓源远流长，中国古代造船业的发展脉络更是绵延了数千年悠悠岁月，承载着无数的智慧与传奇。

　　时光荏苒，让我们回到距今约 8000 年的远古时代。那时，长江下游那片广袤且钟灵毓秀的土地，孕育了独树一帜的跨湖桥文化。就在这片充满神秘色彩的文化遗址之中，有一项重大发现震惊了世人——一艘保存完整的独木舟！它是迄今为止人类历史上发现的早期航海见证者之一，无声地诉说着那个遥远时代人们对江河湖海的好奇与探索。

　　自秦汉时期起，中国古代造船业便踏上了蓬勃发展的征程，历经隋唐、宋元这两个波澜壮阔的发展阶段，造船技术不断精进。直至明朝，中国古代造船业迎来了它的辉煌巅峰，一套严谨规范且行之有效的造船管理体系已然形成。与之相伴的，是造船技术与造船工艺实现了质的飞跃，达到了当时世界前所未有的高度。郑和就曾率领规模宏大的船队，浩浩荡荡地完成了七下西洋的壮举，在我国古代航海史上留下了浓墨重彩的一笔。

　　为纪念郑和下西洋的壮举，经国务院批准，交通运输部与上海市人民政府筹建了我国第一家国家级航海博物馆——上海中国航海博物馆，旨在弘扬中华民族灿烂的航海文明和优良传统，建构国内、国际航海交流平台，为上海国际航运中心营造良好的文化氛围，同时，培养广大青少年对航海事业的热爱。在这里，我们不仅可以寻访我国悠久的航海文明，还可以体验从古至今航海科技的进步，一起开启中华民族向海而兴、向海图强的历史篇章。

2025 年，是郑和下西洋 620 周年。上海中国航海博物馆和童趣出版有限公司携手，在中国远洋海运集团有限公司的支持下，联合推出了这套"海上丝路的千年'船'说：航海历史文化儿童百科绘本"。本套绘本共包含 4 个分册，分别从船只营造、册封出使、航海技术和历史交往 4 个方面，讲述了中华文明历史长河中航海事业的波澜壮阔。那是中华民族在陆上丝绸之路之后，大规模经由海洋向世界伸出的友好臂膀；那是万里海路见证的中国人的意志、智慧，以及领先世界的航海科技；那是不屈不挠的航海精神和磅礴汇聚的航海力量。那一叶叶帆影，将为小读者们开启一扇扇探索航海的窗口。

衷心感谢参与创作的文字撰写者和插画师，是他们妙笔生花，让古老的航海故事重焕生机，等待着小读者们用眼睛去旅行，用心去感受。

愿每个翻开这套绘本的孩子，都能化身小小航海家，从中找到属于自己的奇迹与快乐，并汲取前行的力量，在人生的航道上乘风破浪、扬帆远航！

上海中国航海博物馆

海上琉球国

　　明朝时期，中国福州一直向东，800 多千米之外，有一个琉球国。琉球国是一个岛国，有 3 个相对较大的本岛，另外还有 30 多个附属岛屿。自明洪武五年（1372 年），明朝与琉球国建立起封贡关系，琉球国王多次派遣使臣前来朝贡或请封。

8

使团入京请封

明嘉靖十一年（1532 年），一个来自琉球国的使团进京了。这个使团的任务是代表琉球国的尚清世子，向明朝恳请袭封，这已经是尚清第三次请封了。嘉靖皇帝朱厚熜被尚清的诚意打动，批准了他的袭封请求。

于是，一道圣旨降下，一位名叫陈侃的吏科左给事中被委以册封使的重任，将和副使高澄一起带队出使琉球国。

航海小知识
册封使是什么？由哪些人担任？

琉球国是明朝的藩属国，朝廷按照册封藩王的规格来册封琉球国王。册封的时候，皇帝不用亲自去，而是派遣册封使代替他前往。

册封的正副使一般由给事中和行人担任，官阶虽然不高，但都身兼要职。给事中，从七品，主要侍奉在皇帝左右，起到进谏和监察等作用；行人，正八品，主要担任册封等工作，还要奉皇帝之命出使四方。

从七品到一品!

册封使在外代表的是皇帝,所以朝廷对册封使的选派格外重视和严格。此次被选为册封使的陈侃,是一名吏科左给事中,他进士出身,才识过人,品行优良,是册封使的不二人选。

圣旨下达后,陈侃做的第一件事就是领取诏书、行装和赏赐品。为了让册封使在册封仪式上更具威严,皇帝赐给正使陈侃和副使高澄每人一套一品官服。陈侃的赐服上绣的是麒麟,高澄的赐服上绣的是白泽,带有这两只神兽的官服可不是一般人能穿的,它们是公、侯、伯、驸马等大人物的专属。这可比陈侃他们原本的官服等级高太多了!

白泽

航海小知识
册封使的"餐补"

　　除了赏赐官服，朝廷还会赐给册封使的家里4个人的口粮。这是体恤他们出行路途遥远，长时间不在家里，给家属的一些生活补贴。这些"餐补"能够让官眷生活得更好，让官员在外时更放心。

能工巧匠齐造船

　　明朝和琉球国之间的交通只能依靠船只，而"册封舟"就是专为出使琉球国而营造的一种大型木质远洋船。陈侃和高澄接下来的工作重点就是册封舟的督造。

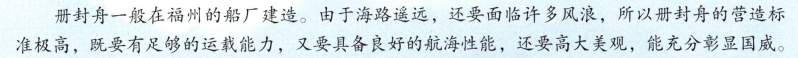

册封舟一般在福州的船厂建造。由于海路遥远，还要面临许多风浪，所以册封舟的营造标准极高，既要有足够的运载能力，又要具备良好的航海性能，还要高大美观，能充分彰显国威。

历时将近一年，册封舟终于在众人的翘首以盼中建造完成了。只见这艘船底部尖尖的，船头和船尾高高翘起，五根桅杆高耸入云。这种船型吃水较深，在深水区域航行时阻力小，非常适合远洋航行，而且船身平稳，人站在上面甚至感觉不到自己是站在一艘船上。

航海小知识
册封舟有多精良？

根据《使琉球录》记载，陈侃出使琉球国乘坐的册封舟长约50米，宽约8.7米，深约4.3米，船内共有23个舱，船尾还建造了一个二层的皇舱。在前后舱外，设置有防波护板，可以在风浪中起到保护船身的作用。

册封舟的选料也非常严谨，桅杆要用又直又轻的杉树，船舵要用坚韧的铁力木，而龙骨要用松木，因为它厚实、耐水浸。

我是来自福州的工匠，负责设计船体的样式。

我是来自漳州的工匠，负责把船造得坚固耐用。

影响深远的册封贸易

　　除了册封任务，陈侃和高澄还肩负着促进两国经济贸易的重任。

　　出行前，陈侃和高澄仔细地记录和清点着要带往琉球国的各类物品，特别是明朝的特产。陈侃翻阅着资料，说："之前的册封使们大多会携带瓷器、漆器和丝绸等前往琉球国，我们这次出使要带些什么呢？"高澄说："琉球国物产不算丰富，手工业也比较落后，我们可以多带一些生活用品，帮助他们改善生活。""对，两国互相交流往来是很重要的。我们这次再带些不同器型的瓷器、工艺品和纺织品吧！"陈侃说。

明朝输往琉球国的物品有：

白地青花碗、白地青花盘、大小青盘、小青碗等。
主要器型有碗、盘、罐、高足杯、花盆和香炉等。

徽州龙纹墨、徽州大板墨、湖笔（指浙江
湖州制作的毛笔，在明朝时迅速发展，广泛流
行）、杭州金扇等。

漆盘、漆盏等（明朝是漆工艺发
展的黄金时期，其漆工艺品具有产量
大、制作精、品种多的特点）。

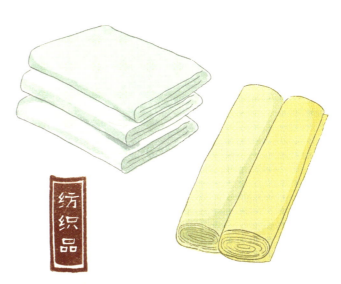

青缎、素缎等各色缎，各色罗，各色纱，
棉布染花手巾，彩色丝手巾等。

出海物资装好啦!

除了携带两国贸易和交流的物品之外,航行中所需的生活用品、备灾物资,册封时用的礼仪用品,防范沿途危险的武器等也极为关键。出发前,陈侃和高澄亲自来到船上,一一检查起来。

大人,我们发现有些人携带的个人物品超重了。

大海"喜怒无常",一旦船体有个"磕磕碰碰",就得立马修补,所以缆绳、铁锚、桐油、破絮、旧麻等物品得跟着上船,有备无患。

备灾物资

陈侃拿起甲板上的缆绳仔细地检查着它的质量，看到两架威风凛凛的火炮时，陈侃满意地说："有了它，我们就能放心了。"走到放置备灾物资的舱室，高澄指着一件农具说："这些农具是海上遇难时，漂流孤岛自救用的，但愿我们此次用不上。"

　　忙碌间，有士兵过来跟陈侃耳语了几句，只听陈侃严肃地说道："传令下去，为防止超重，所有登船者的个人物品不得超过100斤！"

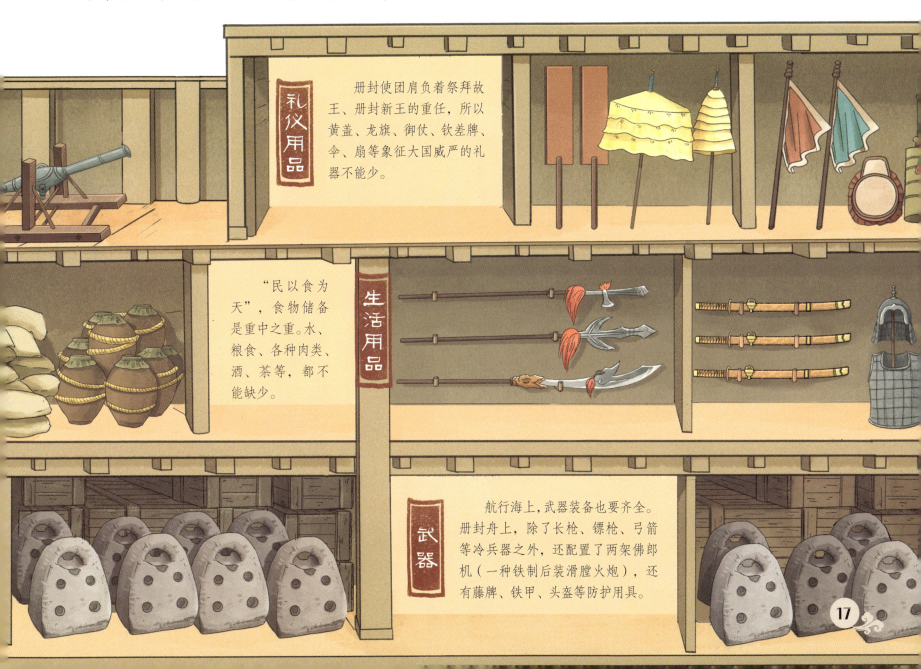

礼仪用品

　　册封使团肩负着祭拜故王、册封新王的重任，所以黄盖、龙旗、御仗、钦差牌、伞、扇等象征大国威严的礼器不能少。

生活用品

　　"民以食为天"，食物储备是重中之重。水、粮食、各种肉类、酒、茶等，都不能缺少。

武器

　　航行海上，武器装备也要齐全。册封舟上，除了长枪、镖枪、弓箭等冷兵器之外，还配置了两架佛郎机（一种铁制后装滑膛火炮），还有藤牌、铁甲、头盔等防护用具。

浩浩荡荡的册封使团

准备出行的队伍在港口集结，熙熙攘攘的足有好几百人。除了正副使和负责册封仪式的官员之外，还有许多担任不同职责的人员。

在140多名船舶操作人员中，有负责指挥船只航行的火长，有控制船只方向的舵工，有管理桅帆的班手，还有负责船只停泊的碇手，等等。陈侃指着一位年轻人对高澄说："这是谢敦齐，我特地从漳州招募来的舵工，他从小就跟大海打交道，特别有经验。"

随行的士兵们正在集结队伍，他们是使团安全的坚实保障，抵达琉球国后，又会充当仪仗队。仆役、厨役、文书、医官等后勤人员同样不可或缺，他们分工明确，保障着船上生活的有条不紊。

后勤人员

主要有通事（翻译）、医官（分内科和外科）、文书、裁缝、铁匠、厨役、礼仪人员等。

随行军士

主要有千户、百户、把总等，他们承担保护使团安全的职责。

操舟人员

主要有火长（航行过程中的主要负责人）、舵工、班手等，他们大多来自漳州。漳州船员以海为生，技术老练成熟，有吃苦耐劳的品格。

航海小知识
船员们都住在哪儿？

册封舟的内部空间很大，通常采用隔舱板分隔出若干个船舱，一般少则 23 个，多则 28 个。这些隔舱从底舱到甲板共分为三层，最底层放置石头或者其他重物作为压舱，以保持船身的稳定；中间层是官舱，是使团成员吃饭和休息的地方；两边又隔出两层，供随从和仆役们居住，有些时候一个隔舱内要住将近 30 个人。

航海小知识
借风出行

依照惯例，册封使团去往琉球国时，需借助夏天的西南风，归来时则需要倚仗冬天的东北风。这是为什么呢？

我国福建沿海以及琉球国沿海是显著的季风区，冬季以东北风最为盛行，西北风较少；夏季则盛行偏南风，尤其西南风最多，船只更容易借助风力去往琉球国。

启航了！

　　出行的人员有序登船了，船工们站在各自负责的位置上，严阵以待。陈侃、高澄站在船尾与前来送行的福建官员们拱手道别。册封舟将从福州出发，这里是福建市舶司的所在地，也是通往琉球国的唯一口岸。

　　火长一声令下，全体船工行动起来。碇工们拉起铁锚，在班手们的指挥下，船工们张起竹帆，册封舟伴着海浪缓缓驶向远方。看着眼前的茫茫大海，陈侃的眼中带着对前途的向往与担忧："以前那些往返琉球国的册封使，留下的记录大多都遗失了。没有资料可查，让我们对前路倍感迷茫啊！"高澄听了立马表示认同："您说得太对了！等我们平安返航后，一定要多留存一些资料。"

海上饮食大揭秘

带领几百人在海上航行，日常吃喝是陈侃要关注的头等大事。因为船上大部分是南方人，作为主食的大米肯定要准备充足。另外，后勤人员会携带种有鲜姜和各类蔬菜的花盆，为船员们提供珍贵的维生素；船上还有活鸡、活鸭等家禽，它们被圈养在栏中，是船上新鲜肉类的来源。

航海小知识
船上如何储存淡水？

远航的船上可以用木桶储存淡水，也可以用木质的水柜，水柜比木桶更大，储水量也更多，它们大多数被安装在船舱底部。如果是大规模的航海活动，还会有专门储运淡水的水舱和水船。

水柜的钥匙由专人进行管理，淡水的使用要求也非常严格，除了册封使可以用淡水盥洗，其他人员只能将淡水用于饮食。

　　除了粮食，还有全船人的喝水问题。陈侃经常到放置水柜的舱室检查，今天正好赶上大家在排队取水。只见船员们拿着自己的水桶和专属名签，到水柜前依次凭签取水。陈侃看到大家秩序井然，非常满意，他说："一日只能取两次水，每次只能取一小桶，确实太少了，但在茫茫大海上，淡水是极为珍贵的，只有严格管控，才能保证我们的航行顺利完成。"

多姿多彩的海上生活

　　使团成员的海上生活也是多姿多彩的。擅长垂钓的福建船员刚钓上来一条大鱼，准备给大家改善伙食，乐班就开始演奏新曲子了，闲暇的人们纷纷跟着节拍一起唱和。船上的总铺，也就是厨役，非常忙碌，他们要负责几百人的饮食。此刻，厨役们正掌管着船上的简易炉灶，举勺翻炒，制作美食。无论风浪如何颠簸，他们总能让热气腾腾的饭菜落入精致的盘中。还有巧手翻飞的糕饼匠呢，他们制作的可口点心，让大家的海上生活多了几分甘甜的滋味。

航海小知识
海上从客

为了丰富使臣们的海上生活，随行人员中还会有一些从客（受使臣邀请随行的社会人员）。

他们有擅长书法、绘画的书画能人，经常与使臣们以墨会友，交流经验；还有擅长下棋的高手，大家经常在一起一较高下；乐班的吹拉弹唱也让船上时常传出美妙动人的音乐！

生病了怎么办？

册封舟出使时正值夏天，海上航行每天都是风吹日晒，居住环境又逼仄拥挤，渐渐地，晕船、中暑的人越来越多，陈侃非常着急，他让负责内科的医官竭尽所能地给大家医治。

舵工谢敦齐这时提出了一个建议："大人，我们可以在甲板上搭建一些凉棚，供大家乘凉，这样既能吹海风，也不会被太阳晒着，中暑的情况就能缓解了。"陈侃听了非常高兴，立刻命人在甲板上搭起了凉棚。

这时，高澄发现谢敦齐的身上有许多裂口，问了才知道，这是他在持舵时，身上被海水持续拍打开裂了。高澄便让医官吴念三为谢敦齐治疗。吴念三经验丰富，他让人准备了蜂蜜半斤，淡酒30斤，当归、防风等药材粉末半斤，煎好后让谢敦齐泡浴，没想到药效特别好，一天就痊愈了。

防风（祛风解表、胜湿止痛）　当归（补血、活血、止痛）

中暑

夏季，海上暑热难耐，船舱中潮湿又闷热，人们容易中暑。中暑症状有体温升高、头痛、昏迷、多汗等。

晕船

不经常乘船的人，会因为船只在航行中的颠簸，出现晕船的症状。比如呕吐、恶心、头晕、浑身无力等。

"乘风破浪"的学子

航行中，陈侃和高澄经常同来自琉球国的番火长聊天儿，增加对琉球国的了解。

番火长告诉陈侃："这些年有不少琉球国的学生去明朝求学，他们在明朝学习到了各种技能，比如栽种技术、石雕工艺、历法推算、烟花制作、造船技术，等等。因为他们，琉球国的粮食和蔬菜收成提高了，造的船越来越结实，人们的生活也越来越好了。"

"不止这些，等您到了就会发现，我们住的房子、学习的文字、遵守的礼仪，都跟明朝很相似呢！这都是'留学'的功劳。"番火长激动地说道。

陈侃点头对番火长说："他们是促进交流的桥梁啊！"

栽种技术

留学生将明朝先进的农业种植技术（如粮食种植、果蔬栽培等）和农业生产工具带回琉球国，提高了琉球国农作物的产量。

造船技术

明朝的造船规模大，技术先进，所以琉球国会在福建各地修船补船，还会出资造船买船，逐渐将造船技术带回琉球国。

烟花制作

明朝的烟花是由硝石、硫黄、石灰、火药等材料制成的，有花草、人兽等上百种样式。

航海小知识
明朝"留学记"

　　琉球国每次来请封或者进贡时，都会安排本国学生与使团同行，专程来明朝学习。每次来3~6人不等，通常学习3~5年。

　　留学生分公费和自费。一类是官方派遣，叫作"官生"，他们在国子监学习，所有花费由朝廷承担。另一类是自费留学生，叫作"勤学"，所有费用全由他们自己安排。当然了，这些留学生大多来自富裕的人家。

石雕工艺

明朝的石雕工艺广泛应用于住宅、庙宇、亭、塔、牌坊等建筑上。样式有花鸟、莲花、牡丹、狮子、云、鹿等造型。

历法推算

《大统历》是明朝的官方历法，也是明朝使用时间最长的传统历法，是明朝对外宣传交流的重要工具。

天使馆，从外观到布局都很讲究。天使馆的外形如同明朝的衙署一样，四周设有外栅，栅内的东门和西门处各有四间房，房外的杆子上飘扬着代表"册封"的黄旗，威风凛凛。

天使馆承载着外交、贸易等诸多功能，是中琉友好往来的一个重要见证地。

到达！ 登岸！

经过 20 多天的航行，册封舟终于在琉球国的那霸港靠岸了。

陈侃注意到，岸边矗立着一座亭子，匾额上有醒目的 "迎恩"二字。而琉球国的官员们已经在迎恩亭中等候多时。等官员们对着放置诏书的龙亭行五拜三叩之礼后，大家便一起朝着"天使馆"走去。陈侃对天使馆早有耳闻，听说它是册封使团在琉球国的居住地，同时也是使团成员与琉球人进行贸易的场所，特别是天使馆门前的空地，已经成为一个大大的集市。

册封仪式开始了！

　　册封之日，城里城外都被庄严肃穆的氛围所笼罩着。陈侃带着册封使团与早早在天使馆附近迎候的琉球官员们，一起来到高大宏伟的王宫正殿。

　　一路上，长长的仪仗队伍旌旗招展，环佩叮当。不多时，册封仪式开始了！

　　正殿中，放置册封诏书的龙亭被安放在正中，众人有序地进行叩拜之礼。世子独自进行舞蹈、祝呼等特定的礼仪动作。仪式结束后，世子再以国王的身份面见群臣，这天也被当作新国王执掌国事的第一天。

《使琉球录》成书！

九月，当海面刮起东北风时，停留三个多月的册封使团要返回明朝复命了。

这次的册封经历让陈侃收获很多，他遵照出使前的心愿，回国后不久写下了《使琉球录》一书。书中详细记载了他从被选为册封使开始，到出使琉球国的所有经历，为后辈留下了宝贵的经验。这也是我国第一部详细记录册封事宜的著作。

也是从陈侃开始，之后的多位册封使也开始记录自己的出使经历。这一篇篇记录，为中国古代航海史留下了宝贵的历史资料。

明清两朝册封琉球国大事记

在明清两朝的册封历史中，册封琉球国一直是朝廷的重要外交工作。在明清的五百余年间，朝廷册封琉球国共23次，派出正副册封使43名。其中，明朝15次，共27人；清朝8次，共16人。

明洪武五年（1372年）琉球国首次朝贡明朝

朱元璋派遣行人杨载前去琉球国，同年十二月，琉球国来明朝朝贡，此为琉球国向明朝朝贡的开端。

明洪武五年（1372年）朝贡关系仪式化

明朝赐琉球国《大统历》，象征琉球国王的统治权得到明朝的认可。

明洪武二十五年（1392年）深化中琉交往

朱元璋赐善于操舟的闽人三十六姓赴琉球国，方便两国往来。这是有史以来第一次由政府组织的较大规模的移民移居海外的活动。

明洪武二十五年（1392年）琉球国开始往明朝派遣"留学生"

琉球国派遣多位年轻学子来明朝入国子监学习，开启琉球人留学明朝之风。

明永乐二年（1404年）明朝首次册封琉球国

遣行人时中为正使，去琉球国册封，此为明朝正式册封琉球国的开始。

明嘉靖十一年（1532 年）陈侃、高澄册封琉球国，著《使琉球录》

遣吏科左给事中陈侃为正使、行人司行人高澄为副使，出使琉球国。陈侃的著作《使琉球录》是首部详细记录册封事宜的文献。

**明成化八年（1472 年）
福州成为通往琉球国的唯一官方口岸**

专管朝贡和对外贸易的市舶司由泉州港改为福州港，从此，福州成为明朝与琉球国往来的直通口岸。

**明崇祯六年（1633 年）
明朝最后一次册封琉球国**

遣户科右给事中杜三策为正使、行人司行人杨抡为副使，出使琉球国。使团乘坐的册封舟是目前文献记载的规模最大的册封舟。

**清康熙元年（1662 年）
清朝首次册封琉球国**

遣兵科副理事官张学礼为正使、行人司行人王垓为副使，出使琉球国。

**清康熙二十八年（1689 年）
接贡制度的建立**

清朝政府准许琉球国的接贡船免税，接贡人员增至 200 人。

**清同治五年（1866 年）
清朝最后一次册封琉球国**

遣翰林院检讨赵新为正使、翰林院编修于光甲为副使，出使琉球国。